EL LABERINTO SECRETO

EL LABERINTO SECRETO

Anna Mares

FOUR DOGS

PUBLISHING

Version 1.0 – July, 2020

Published by Four Dogs Publishing

Copyright © 2020 by Anna Mares

ISBN-13: 978-1-7133-0913-0

Contenido

A Note to the Reader

Pedro, Miguel, and Carmen are all fictional characters whose tales are gleaned from a combination of family stories, history lectures, classic movies, and popular books about the time period between 1936-1939. Given that it can be challenging to tell fact from fiction in stories involving magic and legend, the descriptions of factual events that took place on the dates mentioned in the story can be found in the back of the novel.

Originally written for young adults, this short novel of 380 unique words (non-cognates) can be taught as a unit and read as a class in person or remotely, or can be added to Free Voluntary Reading libraries. Free teacher guides are available at teacherspayteachers.com. The story is told in present tense with a few exceptions for the sake of narration. Subject pronouns are intentionally used in the first couple of chapters to help readers gain a strong understanding of the characters and context. The vocabulary is aimed at students that are developing an Intermediate-Low reading proficiency level or above, or the equivalent of A2 on the CEFR scale. Challenging vocabulary is bolded and footnoted at the bottom of the page where it appears. A comprehensive glossary lists all vocabulary used in the novel.

For Martí

1

Los ruidos del bosque

Día 2 de febrero, 1936
La Alberca del Marquesado, España

Pedro espera en el patio de la escuela. Son las 9 de la noche y el cielo está nublado. No hay luna. Pedro está nervioso. El patio de la escuela está silencioso. No hay nadie porque la escuela está al final del pueblo, **rodeada**[1] por el bosque. Pedro está esperando a su amigo, Miguel, pero Miguel no **aparece**[2].

---

[1] surrounded   [2] appears

Mientras Pedro espera, él oye los **ruidos**[3] de la fiesta en el centro del pueblo: la gente grita, baila, y canta. Pedro quiere ir a la fiesta con Miguel, pero Miguel no aparece. *¿Dónde está Miguel?* piensa Pedro. Él espera y hace frío.

Pedro **tiene miedo**[4] de **la oscuridad**[5] y el silencio. Él escucha atentamente los ruidos del pueblo y del bosque. Poco a poco, del silencio pesado él oye ruidos extraños del bosque. Al principio, Pedro oye el ruido de **pisadas**[6] en las **hojas**[7], como un animalito en el bosque. Mientras los segundos pasan, las pisadas **se acercan**[8]. Los ruidos del bosque se hacen más y más fuertes como un monstruo gigante caminando hacia él. ¡Pedro está **asustado**[9]! De repente, hay silencio otra vez.

Pedro mira hacia el bosque, pero está **demasiado oscuro**[10] y no ve nada. *Tal vez estoy*

---

[3] sounds
[4] is afraid
[5] the dark
[6] footsteps
[7] leaves
[8] get closer
[9] scared
[10] too dark

loco, él piensa. Pedro se levanta rápidamente y se va de la escuela y el bosque, caminando a la fiesta sin su amigo.

En el centro del pueblo, Pedro camina por la calle llena de gente, buscando a su amigo, Miguel. Aún está un poco asustado y nervioso.

Pedro busca a un chico bajo, de pelo moreno, con cara redonda y una sonrisa enorme. Es difícil encontrar a Miguel entre toda la gente **disfrazada**[11] por la fiesta de la Endiablada. Los hombres del pueblo llevan camisas de colores, **caretas**[12], y mitras. Las mujeres llevan faldas de colores y calcetines blancos. Pedro está nervioso y tiembla. Desde que él oyó los ruidos extraños del bosque, no se puede calmar. Además, no puede encontrar a su amigo, Miguel.

---

[11] dressed up (in costume)

[12] masks

2

Los diablos

Día 2 de febrero, 1936
La Alberca del Marquesado, España

Al otro lado del pueblo, Miguel sale de casa con sus padres y su hermanita de siete años, Vega. Son las 9 de la noche y el cielo está nublado. La familia de Miguel está disfrazada por las fiestas. La madre de Miguel **agarra**[1] la mano de Vega mientras su padre cierra la puerta. Miguel empieza

---

[1] grabs

a caminar en la dirección de la escuela, cuando su madre le pregunta,

— Miguel, ¿Adónde vas?

— A la escuela. Mis amigos me esperan. — responde Miguel.

— ¿Los chicos de la escuela? ¿Estás hablando de Pedro? No puedes pasar tiempo con él. Su familia tiene opiniones políticas **peligrosas**[2]. —le dice su madre.

— No, no es Pedro, —**miente**[3] Miguel.

— **Si**[4] te veo con Pedro otra vez, vas a ver lo que es bueno. —le dice su madre.

— Sí, además, —dice su padre, —la fiesta está en el centro del pueblo, en la Plaza Mayor. **Quédate**[5] con nosotros, Miguel.

En silencio, Miguel camina con sus padres en la calle hacia la plaza. Miguel piensa en su amigo,

---

[2] dangerous   [4] If
[3] lies   [5] (You) Stay

Pedro, esperando en la escuela. Pedro es como su hermano mayor, alto para 12 años y protector.

En pocos minutos, la familia de Miguel llega a la Plaza Mayor donde la gente está disfrazada de diablos y brujas. En el ruido y la conmoción de la calle, Miguel se escapa de sus padres, y corre en la dirección de la escuela.

Pedro busca a su amigo en la calle, pero sólo ve a gente disfrazada. Los hombres ríen. Las mujeres ríen. Toda la gente ríe. Pedro está muy nervioso. De repente, oye una **voz**[6] que dice,

— El diablo viene a por ti...

Pedro grita asustado y mira en la dirección de la voz. Ahí él ve la sonrisa enorme de Miguel debajo de la mitra que lleva.

— ¡Miguel! ¡¿Pero eres idiota?! —grita Pedro.

— Gritas como una cabra, —dice Miguel.

---

[6] voice

— ¡¿Por qué **no fuiste**[7] a la escuela?! —le pregunta Pedro.

— Es que **salí**[8] de casa con mis padres, y me olvidé. — le miente Miguel, **avergonzado**[9].

Miguel no quiere decirle **la verdad**[10], que sus padres dicen que no puede ser amigo de Pedro.

— Bueno, no importa, —le dice Pedro,— ¡Vamos a la fiesta!

Los dos chicos **se ponen**[11] las caretas y corren hacia la plaza.

---

[7] didn't you go
[8] I left
[9] ashamed
[10] the truth
[11] put on

3

El matón

Día 4 de febrero, 1936
La Alberca del Marquesado, España

Pedro y Miguel escuchan a su maestro, don Ricardo. Don Ricardo habla de una fórmula de matemáticas mientras los estudiantes **intentan**[1] no dormirse. Pedro mira por la ventana hacia el bosque pensando en los ruidos que oyó la otra noche.

---

[1] try

Hay dos chicos murmurando detrás de Pedro y Miguel. Pedro los mira, José y su amigo Juan. Los susurros de los chicos **se vuelven**[2] más fuertes. De repente, José **le da un puñetazo**[3] a Miguel y empieza a reír. Entonces Pedro pega a José.

José grita,

— ¡Pedro me pegó!

Don Ricardo mira a los dos chicos con mucha calma y paciencia, esperando una explicación.

José dice,

— **Ya verás**[4] cuando **se lo diga a**[5] mi padre.

Don Ricardo interrumpe,

— José, suficiente trabajo tiene tu padre con ser **el alcalde**[6] del pueblo. Ahora mismo no está aquí. En boca cerrada no entran moscas.

José **se calla**[7]. Entonces murmura,

---

[2] become
[3] punches
[4] You'll see

[5] I tell him (my dad) about it
[6] the Mayor

[7] is quiet

— Maestro, ya verá cuando se lo diga a mi padre. Mi padre dice que en las elecciones que vienen ustedes van a perder.

Con mucha paciencia, don Ricardo responde,

— José, no estamos en el futuro, y tampoco estamos en clase de política, estamos en clase de matemáticas.

Con eso, don Ricardo continúa su lección de la fórmula.

4

El descubrimiento

Día 4 de febrero, 1936
La Alberca del Marquesado, España

Al salir de clase, Pedro **aún**[1] está mirando hacia el bosque. En silencio, Pedro empieza a caminar hacia los árboles.

Miguel le pregunta,

— ¿Adónde vamos?

Pedro no le responde.

Miguel continúa preguntando,

---

[1] still

— ¿Por qué estamos en el bosque? ¿Vamos a mirar los árboles? ¿Qué estamos haciendo?

De repente, Pedro lo mira irritado y dice,

— ¡Shhh! ¡Escucha!

Los chicos oyen unos ruidos... son los ruidos de pisadas en las hojas. Los chicos se miran. Están asustados.

— ¿**Seguimos**[2] los ruidos? —pregunta Miguel.

Pedro dice que sí.

Los chicos siguen los ruidos extraños, pero es muy difícil. Cuando se acercan, los ruidos desaparecen. Los ruidos van y vienen. Los chicos intentan seguir los ruidos, pero no ven ningún animal ni ningún monstruo. Después de mucho tiempo están cansados y nerviosos.

Los chicos están a punto de **rendirse**[3] cuando ven más y más espacio entre los árboles. Caminan hacia la luz del sol y llegan a **un claro**[4]. Pedro y Miguel se quedan con la boca abierta, sorprendidos

---

[2] Let's follow   [3] give up   [4] a clearing

y asustados. Enfrente de ellos hay **una verja de hierro**[5]. A los lados de la verja hay **setos**[6] muy altos que se extienden en múltiples direcciones.

— ¿Qué es? —pregunta Miguel.

— Creo que... creo que es un laberinto. —Pedro **empuja**[7] la verja, pero no se abre.

— ¿Está cerrada con **llave**[8]? —pregunta Miguel.

— Podemos volver mañana. Vamos a encontrar una forma de abrirla, —le dice Pedro.

---

[5] iron gate
[6] hedges
[7] pushes
[8] key

5

Las elecciones

Día 16 de febrero, 1936
La Alberca del Marquesado, España

Pedro se sienta en la mesa con su familia para cenar. Está pensando en el laberinto. Hace días que Pedro va a la verja del laberinto con Miguel, pero no pueden abrirla para entrar.

La radio está **encendida**[1] en la cocina. Los padres de Pedro escuchan y esperan los resultados de las elecciones. Sus padres están nerviosos.

Pedro le pregunta a su padre,

---

[1] on

— ¿Por qué son **tan**[2] importantes estas elecciones?

Su padre le responde,

— ¡Porque necesitamos **quitar**[3] estos **partidos**[4] de derechas!

— ¡No grites Daniel! Los **vecinos**[5] te van a oír. —dice la madre de Pedro mientras cierra las ventanas.

— ¿**Y qué**[6] si los vecinos nos escuchan? — interrumpe Pedro.

— Mira hijo, tenemos que proteger La República.— murmura su padre — pero algunos de nuestros vecinos prefieren volver a la monarquía.

— ¿Por qué? —pregunta Pedro.

— La República **trajo**[7] la separación entre Iglesia y Estado. Los **curas**[8] perdieron muchos privilegios. Otra gente, algunos

---

[2] so
[3] get rid of

[4] political parties
[5] neighbors

[6] So what
[7] brought
[8] priests

locos, cansados de los abusos de la Iglesia, **quemaron**[9] iglesias. —termina su padre.

— Es difícil comprender, pero mejor que no andes en la calle hablando de política. El gobierno de la república también **redujo**[10] el **gasto**[11] militar, y el padre de Miguel, que era sargento, **se quedó**[12] sin trabajo. La familia de Miguel **lo pasó mal**[13]. Por eso su familia quiere los partidos políticos de derechas. —responde su madre.

Pedro piensa y pregunta,

— ¿Quién va a ganar las elecciones?

Su padre responde,

— Tiene que ser el Frente Popular. Todos los otros partidos son de extrema derecha. Si ganan los partidos de extrema derecha... nos podemos preparar para volver al pasado, la dictadura y la monarquía.

---

[9] burned
[10] reduced
[11] spending

[12] was left

[13] went through a difficult time

Pedro y sus padres terminan de cenar en silencio. Después de un tiempo muy largo, en la radio proclaman el partido ganador de las elecciones: el Frente Popular. Los padres de Pedro se levantan, y **se abrazan**[14] en silencio. Pedro sólo piensa en su amigo, Miguel, y la reacción contraria que debe estar ocurriendo en su casa.

---

[14] they hug

6
La verja

Pedro camina con Carmen por el bosque. Es un día nublado. Carmen tiene 9 años, pero ella tiene un vocabulario tan amplio que cuando habla parece una chica de 16 años. Carmen habla de forma elegante porque su padre es poeta. Su padre escribe muchos poemas de la libertad, la igualdad, y la justicia para el pueblo. A Pedro le gusta hablar con Carmen porque ella es inteligente y muy divertida.

Carmen le dice a Pedro,

— En casa dicen que hay mucha violencia y miedo en Madrid y en las otras grandes ciudades. Estoy **preocupada**[1].

— No, no te preocupes. Nuestro pueblo está muy **lejos**[2] de Madrid. Aquí no va a pasar nada.

— Dicen que hay algunas familias que se están preparando por si algo malo ocurre. — explica Carmen.

— Pero ¿qué dices? En este pueblo aburrido nunca pasa nada.

Después de unos minutos, Carmen y Pedro llegan al río y ven a Miguel, sentado en una roca.

Miguel se da la vuelta con una sonrisa grande y dice,

— ¡Shh! Mirad. Ahí está el tonto de José y su amigo, Juan.

---

[1] worried   [2] far

José no ve ni a Carmen, ni a Pedro, ni a Miguel.

— ¡Tengo una idea! —dice Pedro.

Pedro **agarra**[3] unas piedras pequeñas, y **se esconde**[4] detrás de un árbol. Carmen y Miguel hacen lo mismo, y ellos también agarran unas piedras. Los tres amigos se esconden detrás del árbol, sacan sus **tiragomas**[5] y esperan en silencio. Ellos escuchan las voces de José y Juan que se acercan.

De repente, Pedro grita,

— ¡Ya! —y los tres amigos empiezan a tirar las piedras a José y a Juan. José y Juan se levantan, y sacan tiragomas de sus bolsillos. Carmen, Miguel, y Pedro ríen y salen corriendo en sentido contrario.

José y Juan se acercan corriendo.

— ¡Nos van a **atrapar**[6]! —grita Carmen asustada.

---

[3] grabs   [5] slingshots
[4] hides   [6] to catch

— ¡No te preocupes! Tengo una idea... —le responde Pedro.

Los chicos cambian de dirección, pensando en el laberinto secreto. Al llegar frente a la verja de hierro, están sorprendidos de ver que... ¡la verja está abierta! Los tres amigos entran rápidamente en el laberinto y allí ya no escuchan ni a José ni a Juan. Sin embargo, continúan corriendo hacia el **corazón**[7] del laberinto.

---

[7] heart

7

Debajo del árbol

Día 28 de marzo, 1936
El laberinto

E n el laberinto, los chicos corren como locos hasta que llegan a una plaza pequeña: es el corazón del laberinto. Los tres amigos **se paran**[1] para **respirar**[2]. Ellos se miran, y empiezan a reír. Tranquilos y fuera de peligro, los tres amigos deciden explorar la plaza redonda.

---

[1] stop   [2] to breathe

Hay dos bancos para descansar, y un gran árbol en el centro, con **ramas**[3] largas que tocan al suelo. Carmen corre hacia el árbol pensando, *¡Qué magnífico!* Los chicos se ríen al verla correr alrededor del árbol con felicidad. Entonces empieza a llover.

Carmen grita,

— ¡Vamos chicos! Nos podemos refugiar **debajo**[4] del árbol hasta que pare la lluvia.

Los chicos están de acuerdo y corren hacia Carmen.

Al llegar al árbol, agarran unas ramas y las **empujan**[5] a un lado. Debajo del árbol, encuentran otra sorpresa mágica. Los tres ven una escalera que va al fondo de la tierra. Como llueve cada vez más, los tres empiezan a bajar la escalera para refugiarse.

---

[3] branches   [4] underneath   [5] push

A medida que descienden, la luz de arriba desaparece hasta que están envueltos en la oscuridad.

Carmen dice,

— Tengo miedo.

— Bueno, entonces nos paramos aquí. La próxima vez, debemos **traer**[6] una **linterna**[7] para ver el camino. —dice Pedro.

Cuando para de llover, los tres amigos suben por la escalera, salen de debajo de las ramas, corren por el laberinto hasta la salida, y regresan por el bosque hasta llegar a sus casas.

---

[6] bring   [7] flashlight

8

Malas noticias

Día 12 de julio, 1936
La Alberca del Marquesado, España

Pedro se pone los zapatos en su habitación cuando oye a su padre abrir la puerta y entrar en la casa. Está pensando en volver al laberinto secreto, porque se va a **encontrar**[1] con Miguel y Carmen. Aunque han ido al centro del laberinto muchas veces, aún no **se atreven**[2] a bajar las escaleras hasta el **fondo**[3]. El padre de Pedro entra

---

[1] meet up   [2] dare   [3] bottom

en la habitación. Su padre se sienta en la cama con cara preocupada. Pedro sabe que algo serio **ocurre**[4]. Pedro está nervioso.

— ¿Qué pasa, padre?

— Hijo, tengo **malas noticias**[5]. El teniente José de Castillo fue asesinado hoy en Madrid. — le responde su padre.

Pedro no comprende, y dice,

— ¿Y a mí por qué **me importa**[6]?

Su padre le dice,

— Escucha, hijo. Es peligroso salir de casa. Hay mucha violencia en las ciudades grandes, y nuestro pueblo está muy dividido. **Ni se te ocurra**[7] andar con Miguel. Su familia es de derechas.

— Pero padre, —responde Pedro, —La familia de Miguel es buena. Sus padres saben que somos buenos amigos.

---

[4] is happening
[5] bad news

[6] should I care

[7] Don't even think about

— ¡Pedro, escúchame! ¡No voy a repetirlo! ¡Es peligroso salir de casa, y no quiero que vayas a ver a tu amigo Miguel! ¡Desde ahora mismo, olvídate de tu amigo!

Pedro sale de la casa corriendo. Está furioso con sus padres, y después de unos minutos se tranquiliza y empieza a caminar.

Pedro está caminando en dirección del bosque cuando oye **la risa malvada**[8] de José y Juan.

— ¡Mira a quién tenemos aquí! ¿Qué te pasa Pedro? ¿Adónde andas tan rápidamente? ¿Y dónde está Miguel? Parece que estás **solo**[9]. — le dice José en un tono sarcástico.

— ¿Y a ti qué te importa? — le responde Pedro con disgusto.

— No tienes a tus amiguitos aquí para defenderte, Pedro. Ay pobrecito, tan solo. —

---

[8] evil laughter   [9] alone

murmura José mientras mira unas piedras que tiene en la mano.

Pedro mira las piedras en la mano de José. Pedro mira a Juan y ve que él también tiene piedras en la mano. Los chicos se miran, y con calma sacan los tiragomas de sus bolsillos. José le dice a Pedro de un tono malvado,

— Ahora es el momento de correr.

Pedro corre mientras José y Juan lo **persiguen**[10] y lo atacan con piedras.

Miguel espera a Pedro en el centro del laberinto. Cuándo Pedro aparece, Miguel ve que algo ocurre. Pedro llega corriendo y tiene **sangre**[11] en los brazos y en la **frente**[12].

Pedro intenta explicar con dificultad,

— José … me está … persiguiendo con Juan. Creo que … está aquí … adentro del laberinto.

---

[10] chase   [11] blood   [12] forehead

— Vale, no te preocupes. Vamos a las escaleras debajo del árbol. No nos pueden encontrar allí.

Los dos chicos corren hacia el árbol, separan las ramas, y se esconden en las escaleras que van hasta el fondo oscuro.

Cuando están escondidos, Pedro le dice a Miguel,

— Mis padres no quieren que tú y yo seamos amigos.

— Bueno, mis padres tampoco quieren que tú y yo seamos amigos, pero no importa, — responde Miguel.

— ¡¿Qué?! ¿Tus padres no quieren que seamos amigos?

— No, —dice Miguel, —Pero no importa. Somos amigos igualmente.

Después de un silencio largo, Pedro le responde,

— Sí, tienes razón. Somos amigos igualmente.

9
La puerta de luz

Día 12 de julio, 1936
El laberinto

— Shhh. Creo que oigo a José y a Juan.
—dice Miguel.

Los dos amigos esperan callados, cuando oyen las pisadas de José y Juan. Oyen a José que dice,

— Vi a Pedro y a Miguel. Entraron debajo del árbol. Vamos a buscarlos.

Miguel mira a Pedro y **señala**[1] para **bajar**[2] las escaleras. Los amigos bajan y bajan. Después de mucho tiempo, los amigos llegan al final de la escalera. Todo está muy oscuro. Oscurísimo. En la oscuridad, no pueden ver nada. Caminan tocando **la pared**[3] y descubren que están en un espacio circular.

De repente, los amigos oyen a José y Juan descender las escaleras. Pedro y Miguel están nerviosos. Tienen miedo.

— ¿Pedrito? ¿Miguelito? ¿Adónde estáis? — dice José en un tono malvado.

Juan ríe con anticipación, y dice en un tono sarcástico,

— ¡Abracadabra! **Que aparezcan**[4] los dos **cobardes**[5], jejeje.

---

[1] signals
[2] to go down
[3] the wall

[4] Let [the cowards] appear

[5] cowards

De repente, las paredes a su alrededor empiezan a temblar. Una puerta aparece y hay una luz brillante.

— Qué inteligente eres, Juan. Mira, **estoy seguro que**[6] Miguel y Pedro pasaron por la puerta. — dice José.

— No sé. No me gusta nada esta puerta. No quiero pasar por la puerta. — responde Juan.

— Pues quédate aquí. **Yo voy a por ellos**[7].

Juan lo mira con duda. José pone la mano en la luz de la puerta.

— ¿Ves? No pasa nada. — y en ese momento, José sale por la puerta de luz.

Al pasar al otro lado misterioso y lleno de luz blanca, la puerta se cierra **dejando**[8] a Juan en la oscuridad completa.

---

[6] I'm sure that   [7] I'm going after them   [8] leaving

10

La desaparición

Día 13 de julio, 1936
El laberinto

Miguel y Pedro no pueden **creer**[1] lo que están viendo. Acaban de ver a José desaparecer por la puerta de luz. Al encontrarse[2] solo y asustado, Juan **sube**[3] muy rápido por las escaleras, gritando de terror. Dos segundos más tarde, Pedro y Miguel, temblando de miedo, también suben corriendo.

---

[1] believe   [2] Finding himself   [3] goes up

Al llegar arriba de las escaleras, Pedro y Miguel salen de debajo del árbol y se encuentran en la plaza redonda del centro del laberinto. Es muy pronto por la mañana. El sol está saliendo y **se dan cuenta**[4] que pasaron toda la noche en el fondo del laberinto. Miguel y Pedro corren para atrapar a Juan y lo atrapan. Pedro le dice,

— ¡Tenemos que buscar ayuda para rescatar a José! Vamos los tres. Tú, yo y Miguel.

— Nadie nos va a creer. Los adultos van a pensar que es nuestra **culpa**[5]. — le responde Juan.

— Juan **tiene razón**[6]. No podemos decir que José desapareció por una puerta misteriosa. Pero tenemos que dar una explicación. — sugiere Miguel.

— Vale. Pues, vamos a decir que nos perdimos en el bosque cerca del río y que en la noche

---

[4] they realize   [5] fault   [6] is right

perdimos a José. Es casi **la verdad**[7]. — dice
Pedro.

— De acuerdo. — dice Miguel.

— ¡Vamos! — dice Juan.

Los chicos salen del laberinto juntos, y caminan
hacia el pueblo.

Al acercarse al pueblo, los chicos pueden oír los
vecinos del pueblo que los están buscando en el
bosque. El padre de Juan los ve desde lejos y grita,

— ¡Mirad! ¡Los chicos!

Los chicos se miran avergonzados. No quieren
hablar con sus padres. No quieren explicar la
desaparición de José. Pero no tienen otra opción.
Juntos, los tres chicos se acercan a la gente que
los buscó toda la noche, y con **remordimiento**[8]
explican que José desapareció.

---

[7] the truth   [8] remorse

Miguel desayuna con sus padres y su hermanita, Vega, en un silencio **inquietante**[9]. Miguel no puede parar de pensar en José. Se siente **culpable**[10]. Miguel está muy nervioso. Sus padres están inquietos también. Están contentos de tener a Miguel en casa, **sano y salvo**[11], pero muy nerviosos por José y su familia.

Miguel dice,

— No puedo quedarme en casa con estos nervios. Voy a participar en **la búsqueda**[12] de José.

— Sí. Vamos todos.

En el bosque entre el grupo de búsqueda, Miguel encuentra a Carmen.

— Miguel, tienes mala cara. ¿Qué pasó anoche? — le pregunta Carmen.

---

[9] disturbing
[10] guilty

[11] safe and sound

[12] the search

— Carmen, José desapareció en el laberinto. Juan descubrió una puerta, y cuando José pasó por la puerta, la puerta se cerró.

— Tienes que **contárselo**[13] a tus padres. Mi padre está asustado y tiene miedo. Con toda la violencia de la política, y ahora la desaparición de José, hay mucha ansiedad en el pueblo. Hay algunas personas que dicen que José **fue secuestrado**[14] por los izquierdistas porque su padre es el alcalde.

— No puedo. Nadie nos va creer. Además, les prometí a Pedro y a Juan que no diría nada.

Carmen y Miguel continúan buscando a José con la gente del pueblo durante horas y horas, hasta que la Guardia de Asalto decide terminar la búsqueda oficialmente, sin encontrar a José.

---

[13] tell it

[14] was kidnapped

11

La Guerra Civil

Día 18 de julio, 1936
La Alberca del Marquesado, España

EL ESTANDARTE

Periódico Nacional

El Golpe de Estado

El General Francisco Franco, un oficial militar español, ha iniciado una **sublevación**[1] contra el legítimo gobierno de la República española,

---

[1] revolt

elegido democráticamente. Los militares sublevados dirigidos por Franco piensan que un gobierno que permite asesinatos como los de José Calvo Sotelo no es un buen gobierno para España. Los franquistas justifican sus ataques al gobierno con tres **metas**[2]: restablecer el orden social, defender la Iglesia Católica, y luchar contra el comunismo. España está dividida entre la gente a favor del gobierno legítimo de la República, y la gente a favor de Franco y los sublevados.

El padre de Pedro grita,
—¡Una mentira! ¡Lo único que quieren hacer los Franquistas es eliminar la República y volver a una dictadura o monarquía!

— ¿Pero cómo es posible que Franco, que estaba en Marruecos, llegara desde África a

---

[2] goals

España tan rápidamente, padre? pregunta Pedro.

Su padre responde,

— Estos españoles en África piensan que pueden hacer lo que quieren. Franco tiene amigos en todo el país. ¡Tenemos que ayudar a la República! Voy a llamar al Doctor Guzmán y otros amigos. —dice el padre de Pedro.

La madre de Pedro añade,

— Hijo, anda **con cuidado**[3]. Unos mataron al teniente José del Castillo, otros mataron a Calvo Sotelo. Hay mucha violencia.

Por la noche mientras Pedro está leyendo en su habitación, oye un golpecito--¡plic! --en la ventana. Después otro-- ¡plic! – Pedro abre la ventana, mira hacia abajo, y ve a Miguel.

---

[3] carefully

— ¿Qué quieres, Miguel? —dice Pedro en voz baja.

— Tenemos que encontrar a José. —responde Miguel.

— No, Miguel. No es posible encontrar a José. El laberinto es **un lugar malvado**[4], y **no deberíamos**[5] volver. ¿También quieres desaparecer?

— Vamos, Pedro. Que ya hace cinco días que desapareció. Nosotros somos **los únicos**[6] que sabemos adonde está José.

— No, Miguel. Es demasiado peligroso.

Pedro cierra la ventana, y apaga la luz.

---

[4] an evil place [5] we shouldn't [6] the only ones

12

Los Camisas Azules

Día 26 de julio, 1936
La Alberca del Marquesado, España

Pedro se siente mal y culpable por ignorar a Miguel ayer por la noche. Empieza a pensar que Miguel tiene razón, y que tienen que ir a buscar a José. El padre de José sufre mucho, no está bien, y como es el alcalde del pueblo, las cosas no van bien en el pueblo. Pedro decide buscar a Miguel. Se levanta de la cama, desayuna con su madre, agarra la linterna, y sale de casa.

Pedro camina hacia la casa de Miguel. Al acercarse, camina detrás de unos arbustos en secreto hasta llegar a la ventana de la cocina. Pedro mira por la ventana y ve a Miguel sentado en la mesa desayunando. Miguel **siente**[1] la mirada de Pedro. Después de un momento interminable, Miguel se levanta de la mesa y sale.

Una vez afuera, Miguel se acerca a Pedro.

— ¿Qué quieres? —le pregunta Miguel.

— Estaba pensando que... deberíamos buscar a José... —dice Pedro.

Miguel pausa y responde,

— Bien, porque tengo una idea. Un momento, voy a buscar algo.

Un minuto más tarde, Miguel llega con **una cuerda**[2] muy larga. Pedro sonríe, y juntos, se van.

Para llegar al bosque, los chicos tienen que cruzar la plaza del centro del pueblo. Al acercarse a la plaza,

---

[1] feels   [2] a rope

Pedro y Miguel oyen mucho **ruido**[3]. Hay mujeres que gritan, y se oyen **disparos**[4]. Se miran asustados, pero deciden investigar qué ocurre. Juntos, los chicos se acercan a una entrada de la plaza, y se esconden detrás de una columna de las arcadas.

En el centro de la plaza, los chicos ven dos camiones. En los camiones hay muchos hombres que llevan camisas azules.

— Mira Miguel. Camisas Azules. Son del bando franquista. —susurra Pedro.

Los hombres de las camisas azules gritan,

— ¿Dónde está el doctor? ¡El Doctor Guzmán!

Algunos Camisas Azules se quedan cerca de los camiones, mientras otros entran en casa del doctor.

— ¿Por qué quieren al doctor? —pregunta Miguel.

— El Doctor Guzmán es republicano. Seguro que los franquistas quieren asesinarlo a él y a todos los del pueblo que son republicanos. Los republicanos han matado a muchos curas en

---

[3] noise   [4] shots

Madrid y en Barcelona. Todo está muy mal — explica Pedro.

— ¿El Doctor Guzmán no es amigo de tu padre? — le pregunta Miguel.

— Sí. —responde Pedro. —Deberíamos salir de aquí, —añade Pedro.

Los chicos caminan rápido alrededor de la plaza para ir al bosque cuando oyen a un hombre gritar,

— ¡Tengo al Doctor Guzmán!

Los chicos se miran y empiezan a correr. Corren rápidamente hacia el bosque. No quieren oír a los hombres de las camisas azules. Corren y corren. De repente, **a lo lejos**[5], los chicos oyen un disparo.

Pedro y Miguel se miran y continúan corriendo cada vez más rápidamente. No paran de correr hasta llegar al laberinto.

Los chicos entran en el laberinto y corren hacia el centro. Cuando llegan a la plaza redonda, corren hacia

---

[5] from afar

el árbol, apartan las ramas, y bajan rápidamente las escaleras escondidas.

Una vez en la oscuridad, Miguel le pregunta a Pedro,

— ¿Piensas que **mataron**[6] al doctor?

— No lo sé, pero tenemos que buscar a José. —le responde Pedro.

Aunque están asustados, los chicos encienden la linterna y bajan todas las escaleras.

— Abracadabra. — susurra Pedro.

La puerta de luz aparece en la pared. Pedro **ata**[7] la cuerda a su cinturón, y le da la cuerda a Miguel.

— Voy a entrar en la puerta. **Dame**[8] diez segundos, y tira de la cuerda para **sacarme**[9].

— Vale, vamos.

Pedro pasa por la luz al otro lado de la puerta. Miguel siente un poco de tensión en la cuerda, y deja la cuerda correr entre sus manos. En su cabeza,

---

[6] they killed   [8] Give me
[7] ties   [9] to get me out

Miguel cuenta hasta diez. Los diez segundos son interminables. Al llegar al número diez, Miguel empieza a tirar de la cuerda. **Tira**[10] y tira, y finalmente, Pedro aparece por la puerta de luz. Pedro está respirando fuerte.

— ¿Qué hay? — le pregunta Miguel.

— No lo sé. No pude ver lejos. Todo está cubierto por una **niebla**[11] luminosa y blanca. Pero me sentí feliz. Creo que no vamos a encontrar a José, pero está bien. José está en un buen lugar. Hay mucha felicidad al otro lado de la puerta de luz.

---

[10] He pulls   [11] fog

13
Las hadas del bosque

Día 28 de septiembre, 1936
La Alberca del Marquesado, España

Hace dos meses que[1] José desapareció en el laberinto. Hace dos meses que el pueblo vive en el terror. Hace dos meses que Pedro y Miguel piensan en la puerta de luz. Hace dos meses que España sufre una guerra civil.

---

[1] It's been two months since

Los chicos escuchan a su maestro, don Ricardo. Hoy don Ricardo no habla de una fórmula de matemáticas. Hoy nadie susurra en el fondo de la clase. La clase está envuelta en un silencio **pesado**[2]. Esta mañana, Francisco Franco **fue nombrado**[3] Jefe del Gobierno del Estado. Don Ricardo mira a sus estudiantes con tristeza.

Después de muchas semanas de **guerra**[4] y miedo, La Alberca del Marquesado está bajo control franquista. Durante el verano, Francia y Gran Bretaña declararon la no intervención. No ayudan a la República. Los franquistas están ganando cada vez más terreno.

— ¿La guerra terminó, Maestro? —pregunta Juan.

— No creo, Juan, —responde don Ricardo. — Aunque tengamos un Jefe de Estado,

---

[2] heavy [3] was named [4] war

España aún es un país dividido. Hay guerra **para rato**[5].

Para cambiar de tema, Pedro decide preguntarle al profesor sobre el laberinto.

— Maestro, —pregunta Pedro, —¿existen los laberintos secretos?

Miguel mira a su amigo con ojos grandes, sorprendido de que Pedro **esté a punto de**[6] revelar el secreto.

— ¿De qué hablas, Pedro? —le pregunta don Ricardo.

Miguel interrumpe la conversación,

— Pues, hipotéticamente, ¿es posible que exista un laberinto que sólo alguna gente puede encontrar?

El maestro los mira con los ojos brillantes de fascinación.

---

[5] for a while   [6] is about to

— Bueno, hay un **cuento**[7] de mi infancia que habla de laberintos secretos. —dice don Ricardo.

Los estudiantes se inclinan para escuchar mejor al maestro. Don Ricardo continua,

— Decían en este pueblo los viejos del lugar, que hace mucho tiempo **las hadas**[8] de los bosques habían construido una **red**[9] de laberintos secretos con pasajes a **mundos**[10] mágicos y misteriosos.

Para que los humanos no entraran en los pasajes, las hadas hicieron un **hechizo**[11] para que sólo los de **alma**[12] pura e inocente pudieran encontrar los laberintos en caso de peligro o necesidad. A veces, cuando un niño desaparecía de los pueblos, los habitantes decían que las hadas del bosque **se lo habían llevado**[13].

---

[7] story
[8] the fairies
[9] network

[10] worlds
[11] spell
[12] soul

[13] had taken him

— Cuando los niños pasaban por el pasaje, ¿Qué había al otro lado? —pregunta Miguel.

— Algunos decían que el laberinto secreto era como una máquina del tiempo y que llevaba los niños a un tiempo diferente. Otros pensaban que el laberinto daba paso directo al **cielo**[14]. Incluso algunos creían que era un **engaño**[15], un engaño del diablo, para capturar almas inocentes y llevarlas al **infierno**[16].

Los chicos miran al profesor con ojos grandes. Satisfecho con la reacción de los estudiantes, el maestro dice,

— Pero, al final, sólo es un cuento.

---

[14] sky/heaven   [15] trick   [16] hell

14
Adiós, Carmen

8 meses más tarde…

Día 23 de mayo, 1937
La Alberca del Marquesado, España

La Guerra Civil continúa. Hitler y Mussolini envían mucha ayuda al bando franquista: aviones de guerra, tanques, bombas y armas. La Unión Soviética envía un poco de ayuda al bando republicano. La Alberca del Marquesado está bajo control franquista.

Pedro entra en la cocina con su camisa limpia para ir a la iglesia.

— Madre, tengo que hacer una cosa antes de ir a **misa**[1], —le dice Pedro.

Su madre lo mira, y responde,

— Hijo, ya sabes que no podemos **faltar**[2] ni llegar tarde a la iglesia. En el pueblo algunos **sospechan**[3] que somos republicanos. Tenemos que ser los primeros en llegar a misa, para no **dar pie a**[4] especulaciones.

— **No te preocupes**[5], madre. Voy con Miguel a hacer una cosa importante, y después vamos directamente a la iglesia. No voy a llegar tarde.

Pedro sale de casa corriendo. En las afueras del pueblo, Pedro ve a Miguel. Una vez juntos, los chicos caminan hacia la pequeña casa de Carmen,

---

[1] mass
[2] miss
[3] suspect
[4] give cause for
[5] Don't worry

al lado del bosque. Una maleta ya está afuera de la puerta, y un minuto más tarde, sale Carmen y su padre.

Pedro exclama,

— ¡¿Qué pasa Carmen?! Yo sé que tienes algo importante que decirnos, pero ¿por qué hiciste la maleta?

Carmen los mira con una sonrisa triste, y su padre les dice,

— Chicos, este pueblo no es **seguro**[6] para Carmen. No es seguro para los poetas como yo con ideas republicanas. Hay demasiados franquistas en nuestro pueblo. Carmen quiere deciros adiós —explica su padre.

— ¿Adónde vas a ir, Carmen? —le pregunta Miguel.

— Padre dice que me voy a México, con muchos otros niños. En México hay un lugar

---

[6] safe

seguro para los niños exiliados de España. Somos los niños de Morelia.

— ¿Y tu padre va contigo? —pregunta Pedro.

— No, no puedo ir. El viaje es muy caro, y además, en México quieren dar todos sus **recursos**[7] a los niños, —explica el padre de Carmen.

— Pero no os preocupéis, —dice Carmen.

— En unos meses, cuando termine la guerra, voy a volver. Mi padre va a buscar un pueblo nuevo donde no nos conozcan en Francia, y nosotros vamos a **empezar de nuevo**[8]. Tal vez cuando seamos adultos, nos vamos a ver otra vez.

Y con esas últimas palabras, Carmen le da un abrazo a Pedro y otro a Miguel.

---

[7] resources   [8] start over

Mientras los chicos le dicen adiós, oyen el ruido de una camioneta que se acerca a la casa. El padre dice,

— ¿Quién puede ser? La gente nunca viene por este camino. Carmen, entra en la casa y escóndete.

Miguel y Pedro toman la mano de Carmen y corren a esconderse en la casa. Al cerrar la puerta, oyen que el motor de la camioneta para. También oyen las voces de varios hombres que gritan al padre de Carmen.

Carmen dice,

— ¡Los franquistas están aquí para **detenernos**[9]! ¡Tenemos que salir de aquí!

Pedro le dice a Miguel,

— Llévala al laberinto. Yo voy a ayudar al padre de Carmen.

Miguel y Carmen salen corriendo. Carmen está llorando y gritando,

---

[9] to arrest us

— ¡Padre! ¡Padre!

Miguel y Carmen corren hasta las profundidades del bosque para llegar al laberinto. Cuando llegan a la entrada del laberinto, ven que la verja los está esperando, abierta. Miguel mira a su alrededor. Pedro no está. El padre de Carmen no está.

Carmen dice,

— No quiero entrar sin Padre.

Miguel le dice,

— No podemos esperar mucho tiempo. Seguramente los franquistas nos están buscando. Cuando sea el momento, tienes que entrar al laberinto. Debajo del árbol, tienes que bajar las escaleras hasta el fondo y decir "¡Abracadabra!" Una puerta de luz aparecerá, y tienes que pasar por la puerta.

— ¿Qué hay al otro lado de la puerta? — pregunta Carmen.

— La felicidad. — sonríe Miguel.

Miguel y Carmen esperan delante del laberinto en silencio… hasta que oyen unos ruidos. Son las pisadas de alguien que camina en el bosque hacia ellos. *Seguro que son los franquistas,* piensa Miguel. Los segundos son interminables. A medida que los ruidos se hacen más fuertes, se pueden ver dos siluetas que salen de la niebla: un hombre alto y un chico flaco.

Carmen grita,

— ¡Padre!

Su padre corre hacia ella y la toma en sus brazos.

— Los **soldados**[10] de Franco están cerca, — dice Pedro.

— Pedro y yo nos vamos a quedar aquí, — añade Miguel.

Carmen y su padre entran en el laberinto. Una vez Carmen y su padre están dentro del laberinto, los **setos**[11] del laberinto y la verja de hierro

---

[10] soldiers   [11] hedges

empiezan a transformarse en arbustos y árboles normales. En segundos, el laberinto secreto desaparece y sólo queda el bosque. *Los soldados no podrán encontrar a Carmen*, piensan los chicos. Juntos, los dos amigos regresan al pueblo.

Pedro y Miguel llegan a la iglesia justo a tiempo. Entran en la iglesia juntos, y se sientan separados, con sus familias. Todas las familias del pueblo se sientan y **rezan**[12]. Lo que no saben, es que todos rezan por la misma cosa: el final de la guerra.

---

[12] pray

Epílogo

Dos años más tarde...

Es abril del año 1939 cuando Franco anuncia su victoria total. Hay nuevas **leyes**[1] y prohibiciones:

- No hay libertad de religión porque ahora en España todos deben ser Católicos.
- Los partidos políticos están **prohibidos**[2]. Solo hay un partido. El partido de Franco.
- No hay libertad de expresión. Las personas que habían expresado

---

[1] laws   [2] forbidden

opiniones republicanas son encarceladas y ejecutadas.

No hay comida. Hay hambre. Hay **toque de queda**[3]. Es la dictadura.

Pedro y Miguel caminan enfrente de la escuela a las 9 de la mañana. En la puerta hay un cartel que dice "Cerrado". La dictadura de Franco acaba de empezar, pero ya hay más de 30,000 **presos políticos**[4] y muchos ejecutados: escritores, artistas y maestros de la República.

Pedro le explica a Miguel,

— Tengo miedo que vayan a detener a mi padre por ser republicano. No quiero que mi padre termine en la **cárcel**[5] o ejecutado, como el Doctor Guzmán y nuestro viejo maestro Don Ricardo.

---

[3] curfew

[4] political prisoners

[5] jail

Pedro y Miguel piensan en su viejo maestro y no dicen nada. Hay un largo silencio.

— No te preocupes, —responde Miguel, — siempre podemos buscar el laberinto secreto otra vez.

Franco fue el dictador de España desde 1939 hasta 1975.

Glosario

A

a – to/at

abajo – below/downstairs

abrazar – to hug

    abrazan – they hug

    un abrazo – a hug

abrir – to open

    abierta – open *adj*

    abre – opens

    abrirla – to open it

aburrido – bored

abusos – abuses

acabar – to have just done

    acaba – he just

    acaban – they just

acciones – actions

acercarse – to get closer

se acerca – it gets closer

se acercan – they get closer

(de) acuerdo – in agreement

además – furthermore

adentro – inside

adiós – goodbye

adónde – where

adultos – adults

África – Africa

afuera – outside

afueras – outskirts

agarrar – to grab

    agarra – she grabs

    agarran – they grab

ahí – there

ahora – now

al – to the / at the

alcalde – mayor

algo – something

  alguien – someone

  alguna – some

  algunas – some

  algunos – some

allí – there

alma – soul

alrededor – around

  alrededores – surroundings

alto – tall

amigo(s) – friend(s)

  amiguitos – little friends

amplio – ample / wide

añade – adds

andar – to walk / to hang out

  anda – he hangs out

  andas – you hang out

animal – animal

  animalito – small animal

año(s) – years

anoche – last night

ansiedad – anxiety

anticipación – anticipation

anuncia – announces

apaga – turn off

aparecer – to appear

  aparecerá – will appear

  aparezcan – they appear

apartan – part

apoyan – support

aquí – here

árbol – tree

arbusto(s) – shrub(s)

arcadas – arcade (a series of arches)

arriba – above

asalto – assault

asesinar – to assassinate

  asesinaron – they assassinated

  asesinatos – assassination

asiente – nods

asustar – to scare

asustada/asustado(s) – scared

atar – to tie

  ata – he ties

  atados – tied

atentamente – carefully

atrapar – trap / catch

atreven – they dare

aún – still

aunque – even though

autonomías – autonomies; regions that have their own laws/regulations

avergonzado(s) – embarrassed

ayer – yesterday

ayudar – to help

  Ayuda! – Help!

  ayudan – they help

B

baila – dance

baja / bajo – short

bajar – to go down

bajan – they go down

bancos – benches

bando – side (of a conflict)

bien – well

blanca – white

boca – mouth

  En boca cerrado no entran moscas – common saying for "don't talk so much". Literally "in a closed mouth, no flies enter".

bolsillos – pockets

borde – border / edge

bosque – woods

brancas – branches

brazos – arms

brillante – brilliant / bright

buen(a)(o)(s) – good

buscar – to look for

  busca – he looks for

  buscando – looking for

  buscarlos – looking for them

  buscó – looked for

búsqueda – a search

C
cabeza – head
cada – each
calla – be quiet
  callados – quiet
calle(s) – street(s)
calmar – to calm down
  calma – calm
cama – bed
cambiar – to change
  cambian – they change
caminar – to walk
  camina – he / she walks
  caminan – they walk
  caminando – walking
  camino – a walk / a path
camiones – trucks
  camioneta – pick up truck
camisas – shirts
cansados – tired
canta – sing
capturar – to capture

cara – face
cárcel – jail
caretas – masks
caro – expensive
cartel – sign
casa – house
casi – almost
(en) caso – in case
catolicismo – catholicism
  católico – catholic
celebración – celebration
cenar – to eat dinner
cencerros – cowbell
centro – center
cerca – near
cerrar – to close
  cerrada(o) – closed
  cerró – he/it closed
  cierra – he closes
chica – girl
chico(s) – boy(s)
cielo – sky
cierra – he closes
cinturón – belt
ciudades – cities

civil – civil

claro – a clearing

clase – class

cobardes – cowards

cocina – kitchen

colores – colors

columna – column

como – like / as

cómo – how

completa – completes

comprender – to comprehend/understand

comunismo – communism

con – with

conmoción – commotion

conocer – to know

no nos conozcan – they don't know us

construido – constructed

contárselo – tell it to them

contentos – happy

contigo – with you

continuar – to continue

contra – against

contraria/o/s– opposite / contrary

controlados – controlled

conversación – conversation

corazón – heart

correr – to run

corre – he runs

corren – they run

corriendo – running

cosa(s) – thing(s)

creer – to believe

crees – you believe

creían – they believed

creo – I believe

cruzar – to cross

cuando / cuándo – when

cubierto – covered

cuenta – count

cuento – story

cuerda – rope

cuidado – careful

culpa – fault

culpable – guilty

cura – priest

D

dar – to give
   da – he / she gives
   daba – was giving
   dame – give me
   dan – they give
   dando – giving
danzantes – dancers
de – of
debajo – below
deber – to have to / must
   debemos – we must
   deben – they must
   deberíamos – we should
decide – he decides
   deciden – they decide
decir – to say
   decían – they said
   decirle – tell him
   decirnos – tell us
   deciros – tell you guys
declararon – they declared
defender – to defend
   defenderte – to defend yourself
deja - he lets
dejando – leaving
del – of the
delante – in front of
demasiado – too (much)
derecha – right
   derechista – right-wing
desaparecer – to disappear
   desaparece – it / he disappears
   desaparecen – they disappear
   desaparecía – it disappeared
   desapareció – disappeared
   desaparición – disappearance
desayuna – to eat breakfast
   desayunando – eating breakfast
descansar – to rest
descender – to go down/

to descend

descienden – they go down

descrubren – they discover

descubrimiento – discovery

descubrió – discovered

desde – from

después – after

detener – to detain

detenernos – arrest us / detain us

detrás – behind

día – day

diablo – devil / demon

dice – says

dicen – they say

dices – you say

dictadura – dictatorship

diferente – different

difícil – difficult

dirección – direction

directamente – directly

directo – directly

disfrazada – in costume

disgusto – disgust / annoyance

disminuye – diminishes

disparado – fast

disparo – shot (from a gun)

divertida – fun

dividida(o) – divided

domingo – Sunday

don – Mr.

donde – where

dormirse – to fall asleep

duda – doubt

durante – during

E

económica – economic

el – the

él – he

elecciones – elections

elegante – elegant

ella – she

ellos – they

(sin) embargo – however

empezar – to begin / to

start
empieza – he / it starts
empiezan – they start
empuja – he pushes
empujan – they push
en – in
encendida – on
encontrar – to find
encuentra – he finds
encuentran – they find
encuentro – I find
enfadado – upset
enfrente – in front
engaño – a trick
enorme – enormous
enseñanza – teaching
(se) entere – finds out
entonces – then / so
entrar – to enter / to go in
entra – he enters
entrada – entrance
entran – they enter
entraron – they entered
entre – between
envuelta(o)(s) – wrapped

covered
(**ser** – to be)
era – he / it was
eres – you are
es – he / it is
escalera(s) – stair(s)
escalofríos – goosebumps
(se) escapa – he escapes
esconder – to hide
(se) esconde – he hides
(se) esconden – they hide
esconderse – to hide onself
escóndete – hide (yourself)!
escondidas(os) – hidden
escribe – he writes
escuchar – to listen
escucha – he listens
¡escúchame! – listen to me!
escuchan – they listen
escuela – school

eso – that

    por eso– for that reason

    esas – those

espacio – space

España – Spain

    españoles - Spaniards

especulaciones – speculations

esperar – to wait

    espera – he waits

    esperan – they wait

    esperando – waiting

este(a) – this

estas(os) – these

estar – to be

    está – he / she / it is

    estaba – I was

    estaban – they were

    estamos – we are

    están – they are

    estás – you are

    esté – he be

    estén – they be

    estoy – I am

estado – state

estudiantes – students

euskera – Basque

exclama – exclaims

exiliados – exhiled

existir – to exist

    existe – it exists

    existen – they exist

explicar – to explain

    explica – he explains

    explicación – explanation

    explican – they explain

    explicó – he explained

explorar – to explore

expresión – expression

extienden – they extend

extraños – strange

extrema – extreme

F_____

faltar – to miss

familia – family

fascinación – fascination

favor – favor

felicidad – happiness

   feliz – happy

fiesta – party, celebration

final – final, end

   finalmente – finally

   al final – in the end

flaco – thin

fondo – depths, bottom, end

forjado – forged, wrought iron

forma – way

fórmula – formula

Francia – France

franquista – Francoist; Franco supporter

frente – front, forehead

frío – cold

fue – he was

fuerte(s) – strong

futuro – future

G_____

gallego – Galician (language)

ganar – to win

ganador – winner

ganan – they win

ganando – winning

gasto – spending

general – general

gente – people

gigante – gigantic

gobierno – government

golpe (de estado) – a coup (d'état)

gran, grande(s) – big

gritar – to yell, to scream

   grita – he screams

   gritan – they scream

   gritando – screaming

   gritas – you scream

   gritos – screams

grupo – group

guardia – guard

guerra – war

gusta – to be pleasing to, to like

   no me gusta – I don't like

   le gusta – he likes

H

ha iniciado – has initiated

(Qué) había – what was there

habían – they had

habían construido – they had built

se lo habían llevado – they had taken him

habitación – room

habitantes – inhabitant

hablar – to speak, to talk

habla – he talks

hablando – talking

hablas – you talk

hacer – to do

se hacen – become

hacen – they do

haciendo – doing

hicieron – they did

hace (time) – ago

hace cinco días – five days ago

hace dos meses – two months ago

hacia – towards

hadas – fairies

hasta – until

hay – there is, there are

hechizo – (magic) spell

herida – wound

hermanita – little sister

hermano – brother

hierro – iron

hijo – son

hipotéticamente – hypothetically

hojas – leaves

hombre(s) – man, men

horas – hours

hoy – today

huelga – strike

humanos – humans

I

idea – idea

idiota – idiot

iglesia – church

ignorar – to ignore

igualdad – equality

igualmente – anyways

iluminar – to illuminate

importar – to be important

    no importa – it doesn't matter

    importante(s) – important

inclinan – they incline

incluso – including

inevitablemente – inevitably

infancia – childhood

infierno – hell

iniciado – initiated

inocente – innocent

inquietante – disturbing, troubling

    inquietos – troubled, worried

inteligente – intelligent

intenta – he tries

    intentan – they try

interminable(s) – never-ending; interminable

interrumpe – interrupts

intervención – intervention

investigar – to investigate

ir – to go

irritada – irritated

izquierdistas – left-wing

J

jefe – boss

    Jefe de Estado – Head of State

juntos – together

justicia – justice

    justifican – they justify

    justo – fair, just

L

la, las – the

laberinto – labyrinth

lado – side

largo(a)(s) – long

le, les – to/for him, to/for them

lección – lesson

lejos – far away

(se) levanta – he gets up; he stands up

    (se) levantan – they get up

leyendo – reading

leyes – laws

libertad – liberty, freedom

líderes – leaders

linterna – flashlight

llamar – to call

    (se) llaman – they are called

llave – key

llegar – to arrive

    llega – he arrives

    llegan – they arrive

    llegó – he arrived

llena/o – full

llevar – to take, to wear

    llevaba – it took

    (se lo habían) llevado – they had taken him

    llévala – take her

llevan – they wear

    llevarlas – to take them

    llevarse – to take away

    llevas – you take

llorar – to cry

    llora – he cries

    llorando – crying

llover – to rain

    llueve – it rains, it is raining

    la lluvia – the rain

lo – him, her, it

loco – crazy

los – the

luchar – to fight

    luchan – they fight

lugar – place

luminosa – luminous

luz – light

M_____

madre – mother

maestro – teacher

mágica/os – magical

magnífico – magnificent

mal, mala(s), malo – bad, evil

maleta – suitcase

malvado(a) – evil

mañana – morning

mano – hand

máquina – machine

Marruecos – Marocco

más – more

mataron – they killed

matemáticas – mathematics

matón – bully

mayor – older

Plaza Mayor – the main square

me – to me, for me

a medida que – as

mejor – better

mentir – to lie

mentira – a lie

miente – he/she lies

mesa – table

meses – months

metas – goals

mi, mis – my

mí – me, myself

miedo – fear

tengo miedo – I am afraid

mientras – while

militar(es) – military, army

minuto(s) – minute(s)

mirar – to look at, to watch

mira – look, he/she looks

mirad – (you guys) look

mirada – a look

miran – they look

mirando – looking

miren – look

misa – mass

misma(o) – same

misteriosa(o) – mysterious

mitra – miter (bishop's hat)

momento – moment

monarquía – monarchy

monstruo – monster

moreno – brunette

moscas – flies

motor – motor
mucha(o)(s) – a lot
mujeres – women
mundos – worlds
murmura – murmurs
muro(s) – wall(s)
muy – very

N

nacional – national
nada – nothing
nadie – nobody
necesidad – necessity
   necesitamos – we need
nervios – nerves
   nervioso(s) – nervous
ni – neither, nor
niebla – fog
ningún – not a single
niño, niños – child, children
no – no
noche – night
normales – normal
nos – to us, for us
nosotros – we

noticias – news
nublado – cloudy
nuestra(o)(s) – our
nueva(o)(s) – new
número – number
nunca – never

O

o – or
ocurrir – to occur, to
   happen
   ocurra – happens
   ocurre – happen
   ocurriendo – happening
oficial – official
   oficialmente –officially
oír – to hear
   oigo – I hear
   oye – he/she hears
   oyen – they hear
   oyó – he/she heard
ojos – eyes
olvidar – to forget
   olvídate – (you) forget
   olvidé – I forgot

opción – option

opiniones – opinions

orden – order

oscuridad – darkness

   oscuro – dark

otra(s) – other

P_____

paciencia – patience

padre – father

padres – parents

país – country

palabras – words

para – for

parar – to stop

   paramos – we stop

   paran – they stop

   pare – stop

parece – it appears, it seems

participar – to participate

partidos – parties (political parties)

pasar – to pass, to happen

pasa – he passes, it happens

   pasaban – they passed

   pasaron – they passed

   paso – passage

   pasó – it happened

pasaje(s) – passage, passageways

patio – patio

pausa – pause

peligro – danger

   peligroso, peligrosa – dangerous

pelo – hair

pensar – to think

   pensaban – they thought

   pensando – thinking

   piensa – he thinks

   piensan – they think

   piensas – you think

pequeña – small

perder – to lose

   perdieron – they lost

   perdimos – we lost

periódico – newspaper

permite – permits

pero – but

persiguiendo – chasing

personas – persons, people

pesado – annoying

pie – foot

    no dar pie a – not give cause for

piedras – stones

pisadas – footsteps

plaza – plaza, square

pobrecito – poor thing

poco – a little bit

poder – to be able to (can)

    podemos – we can

    podrán – they will be able to

    podrían – they could

poemas – poems

poeta – poet

policía – police

política – politics

    políticos – politicians

    políticas – political

poner – to put

    pone – puts

    ponen – they put

popular – popular

por – for

porque – because

posible – possible

precios – prices

prefieren – they prefer

pregunta – question

    preguntando – asking

    preguntarle – ask him

preocupada – preoccupied, worried

    preocupen – they worry

    preocupes – (you) worry

preparar – to prepare

    preparando – preparing

presos – prisoners

primeros – first

principio – beginning

privilegios – privileges

proclaman – they proclaim

profesor – professor,

teacher

profundidades – depths

prohibido – prohibited, not permitted

prometí – promised

protector – protector

proteger – to protect

próxima – next

pude – I could

pudieran – they could

puede – he can

pueden – they can

puedo – I can

pueblo(s) – town(s)

puerta – door

pues – well

puñetazo – punch

punto – point, spot

a punto de – about to

pura – pure

Q

que – that

qué – what

quedar – to stay, to be left

queda – is left

quedan – they stay

quedarme – I stay

quédate – (you) stay

quedó – stayed

quemaron – they burned

quién – who

quiere – he wants

quieren – they want

quieres – you want

quiero – I want

quitar – to leave

R

radio – radio

ramas – branches

rápidamente – rapidly, fast

rápido – fast

rato – a while

razon – reason

reacción – reaction

recursos – resources

red – network

redonda – round

redujo – reduced

refugiar – to take refuge

    refugiarse – to take refuge

regresan – they come back

réir – to laugh

    ríe – he laughs

    ríen – they laugh

    risa – a laugh

religión – religion

remordimiento – regret

rendirse – to give up; to surrender

(de) repente – suddenly

repetirlo – to repeat it

república – republic

    republicana/o/s – republican

respirar – to breathe

    respirando – breathing

    respiraciones – breaths

responde – he responds

restablecer – reestablish, restore

resultados – results

revelar – to reveal

rezan – they pray

río – river

ríe – he laughs

    ríen – they laugh

    risa – a laugh

roca – rock

rodeado – surrounded

rojas – red

ruido(s) – sound(s), noise(s)

S

saber – to know

    sabe – he/she knows

    sabemos – we know

    saben – they know

    sabes – you know

    sé – I know

sacan – they take out

    sacarme – take me out

salir – to leave, to exit

    sale – he leaves, he exits

    salen – they leave, they exit

salí – I left, I exited

salida – exit

saliendo – they are exiting

salvo – safe

  sano y salvo – safe and sound

sangrando – bleeding

sarcástico – sarcastic

sargento – sergeant

satisfecho – satisfied

se – himself, herself

sé – I know

sea – it be

  seamos – we be

secreto – secret

secuestrado – kidnapped

seguir – to follow

  seguimos – we follow

  siguen – they follow

segundos – seconds

seguramente – most likely, probably

seguro – secure, safe, sure

semanas – weeks

señala – he signals

señor – mister

sentido – feeling

sentarse – to sit down

  sentado – sitting

  se sienta – he sits

separación – separation

  separan – they separate

ser – to be

  será – will be

  somos – we are

  son – they are

serio – serious

setos – hedges

si – if

sí – yes

siempre – always

siguen – they follow

(se) sienta – he sits

siente – he feels

  sintió – he felt

silencio – silence

  silencioso – silently

siluetas – silhouettes

sin – without

sobre – about
social – social
sol – sun
soldados – soldiers
solo – alone
sólo – only
somos – we are
son – they are
sonríe – he/she smiles
sonrisa – a smile
sorprendido – suprised
sorpresa – surprise
sospechan – they suspect
su(s) – his, her
sube – he/she goes up
suben – they go up
sublevación – revolt
sublevado – rebel
suelo – ground
suficiente – sufficient, enough
sufre – he suffers
sugiere – he suggests
surgen – surge
susurra – he whispers

susurran – they whisper
susurrando – whispering
susurros – whispers; murmurs

T

tal vez – perhaps
también – also
tampoco – neither
tan – so
tarde – late
te – to you, yourself
tema – subject
temblar – to tremble
temblando – trembling
tener – to have
tenemos – we have
tengamos – that we have
tengo – I have
tiene – he/she has
tienen – they have
tienes – you have
teniente – lieutenant

tensión – tension

terminar – to end; to finish

    termina – he finishes

    terminan – they finish

    termine – finish

    terminó – he finished

terreno – terrain

terror – terror

ti – you

tiempo – time

tierra – earth, ground

tirar – to throw, to pull

    tira – he throws, he pulls

tiragomas – slingshot

tocan – they touch

    tocando – touching

toda/o/s – all

toma – he takes

    toman – they take

tono – tone

tonto – dumb

total – total

trabajo – work

traer – to bring

    traje – I brought

trajo – he brought

(se) tranquiliza – he calms down

    tranquilos – calm

transformarse – to transform itself

triste – sad

tristeza – sadness, sorrow

tu – your

    tú – you

    tus – your

U

últimas – last

un/a/s – a, an

único – unique

V

va – he/she goes

    vamos – we go, let's go

    van – they go

    vas – you go

    vayas – that you go

vale – okay

varios – various

ver – to see

ve – he sees

ven – they see

veo – I see

verá – he will see

verás – you will see

verla – to see it

ves – you see

vi – I saw

viendo – seeing

(a) veces – sometimes

vez – time

vecinos – neighbors

ventana – window

verano – summer

verdad – the truth

verja – gate

viaje – trip

victoria – victory

viejos – old

viene – he/she comes

vienen – they come

violencia – violence

vive – lives

vocabulario – vocabulary

voces – voices

una voz – a voice

volver – to come back

se vuelven – become

se da la vuelta – turns around

voy – I am going, I go

Y

y – and

ya – already

yo – I

Z

zapatos – shoes

ANNA MARES

Historical Dates and Events

February 2, 1936 - La Endiablada

La Endiablada, which roughly translates to the "devil rituals", held in the town of Almonacid del Marquesado is a tradition that combines an early Christian celebration with pagan rituals. The earliest documented Endiablada took place in 1633, though it is thought to have started as early as the Middle Ages. To this day, townspeople dress in colorful costumes and dance in the streets while ringing cowbells in celebration of both the Catholic festival of Candelaria and the town's patron saint, San Blas, which take place February 2nd and February 3rd respectively.

February 16,1936 - General Elections

The Frente Popular did in fact win the general elections on February 16th, 1936 by a small margin with 47,03% of votes, as compared to the Frente

Nacional which had 46,48% of votes. The results point less towards a clear winner, and more to the fact that the country was divided. The Frente Popular was a coalition of republican left-wing political parties, while the Frente Nacional was a coalition of nationalist right-wing political parties. Shortly after these elections, the right began preparations to overthrow the republic.

July 12, 1936 – Assassination, José de Castillo

The assassination of police lieutenant José de Castillo by four gunmen in the Falangist fascist political party is often thought of as the catalyst in a series of events that lead to the Spanish Civil War. Lieutenant José de Castillo was known for his loyalty to the new Republic and his participation in the rebellion of October 1934.

July 13, 1936 – Assassination, Calvo Sotelo

In retaliation for lieutenant José de Castillo's murder, a few police officers and leftist gunmen decided to assassinate the leader of the monarchist party, José Calvo Sotelo. They drove to his home just a few hours after their friend Castillo had been assassinated, put him in the police van under the false impression of taking him in for interrogation, and shot him. Calvo Sotelo and Castillo were both buried the same day, and violent fighting broke out following their funerals that led to the death of 4 more people.

July 18, 1936 – Military Coup

The military coup of July 1936 was an attempt by the Nationalists and the military to overthrow the Spanish Second Republic and re-establish order in a divided country. The coup began on the 17th of July in Spanish controlled Morocco, where the Army of Africa known as La Legión (the professional elite of the Spanish Army) led by General Francisco Franco took control of Spanish Morocco. They killed 189 people thought to be loyal to the Republic. Franco's army became known as the rebels. Though it was intended to be swift, it became known as the official beginning of the Spanish Civil War, a conflict between Nationalists and Republicans who fought for control of Spain.

Summer 1936 – Non-Intervention, France & UK

Though the United Kingdom and France recognized the Republican government of Spain, they followed the official policy of non-intervention and did not give arms or soldiers to the Republican side. Meanwhile, the Nationalists received air support, arms, and soldiers from Italy (under Fascist rule) and Nazi Germany.

September 28, 1936 – Franco, Head of State

After winning multiple battles throughout Spain, including the siege of the Alcázar in Toledo, Franco was confirmed as Head of State for all of Spain. However, this did not mean the war was over. Though the Republican government was forced to leave Madrid, the fighting between Nationalists and

Republicans continued for years.

May 27, 1937 - Los niños de Morelia

Over 450 children who were in danger due to having Republican parents or had become orphaned by the conflict boarded a boat to Morelia, Mexico. Mexico was one of the few countries, along with the Soviet Union, that did not follow the non-intervention policy when it came to supporting the Republicans in Spain. Mexico provided aid and material assistance, but most importantly, Mexico became a refuge for Republican refugees and Spanish intellectuals. The city of Morelia became famous for welcoming, and in a sense 'raising', the children from Republican families, many of which would never go back home to their families.

April 1st, 1939 - End of the Spanish Civil War

Franco announced total victory, and the Spanish Civil War officially ended. Skirmishes continued to break out between Republicans in hiding and

Nationalist guards, but overall, the fighting was over. Over 30,000 men were arrested as political prisoners. General Francisco Franco ruled as dictator from 1939 until his death in 1975.

Acknowledgements

Many thanks to my terrific editor, Agnès Subirós, for all her hard work and devotion to this book. I'm also indebted to the folks who helped me better understand the people, time, and place I was writing about. Any mistakes that remain are my own.

Special thanks to Lluís Subirós and Martí Subirós for their artistic contribution to the cover. Thank you to my friends and fellow teachers for their critiques and encouragement. And last but not least, much love and thanks to my husband, Ben, who always cheers me on with unconditional support.

Anna Mares teaches middle school, coaches track, and writes the kinds of novels her students like to read. Born in Atlanta to a Midwestern father and a Spanish mother, Anna brings family tales and memories to life in this debut novel. An avid reader and storyteller, she always makes time for her neighborhood book club. Anna Mares lives in Georgia, where she is writing her next novel.

You can reach her at: annamaresauthor@gmail.com

CPSIA information can be obtained
at www.ICGtesting.com
Printed in the USA
LVHW091633280621
691356LV00008B/1523